AF312335

HOTEL DROUOT — SALLE N° 8

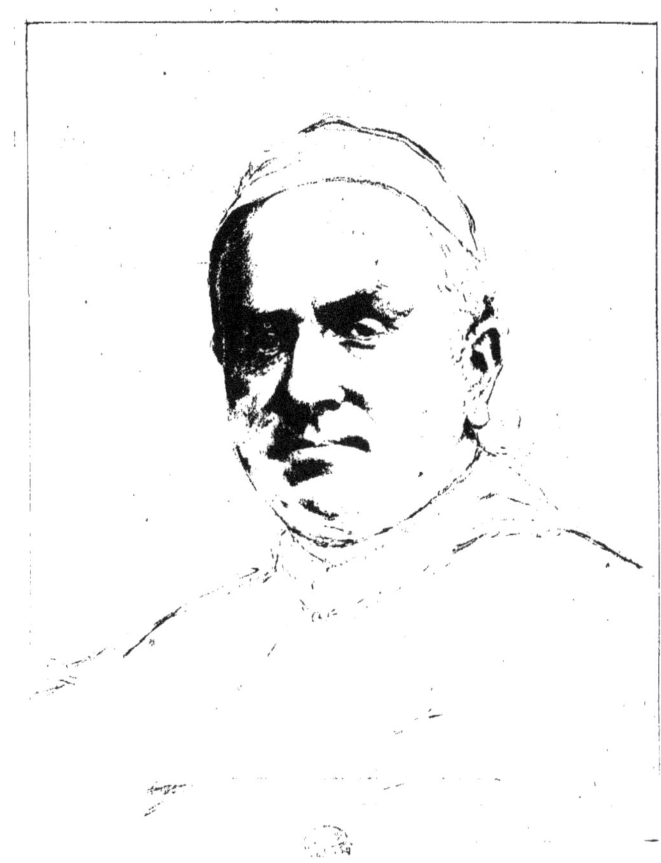

N° 86 du Catalogue.

ESTAMPES DU XVIIe SIÈCLE

ESTAMPES MODERNES

Me ANDRÉ DESVOUGES   M. LOYS DELTEIL

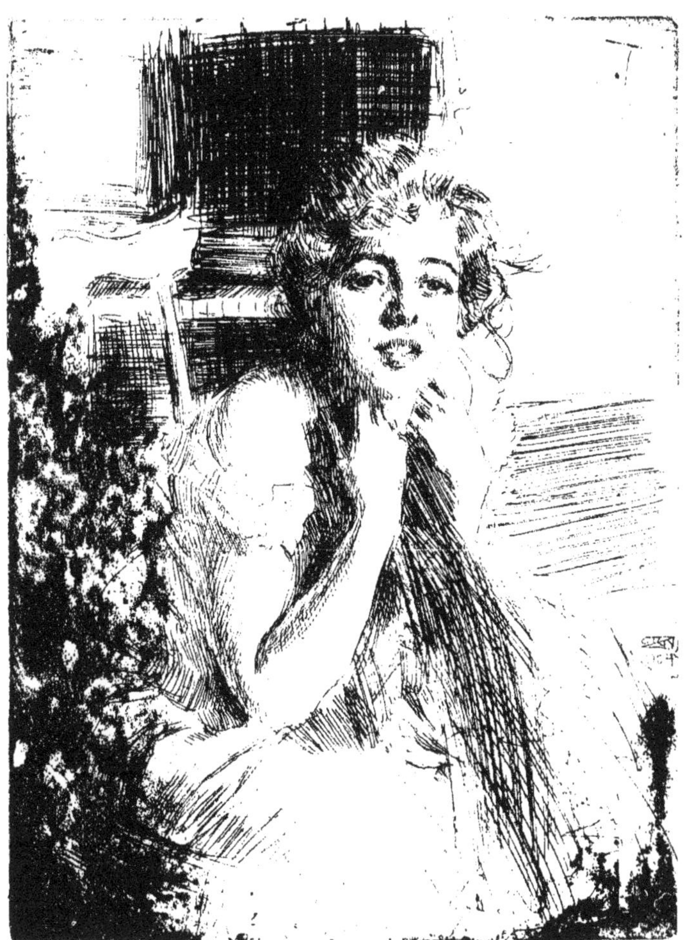

Nº 230 du Catalogue.

CATALOGUE

DES

ESTAMPES

DES

XVIIᵉ & XIXᵉ SIÈCLES

ŒUVRES

DE

BRACQUEMOND, CALLOT, COROT, DAUMIER, DELACROIX,
DURER, FANTIN-LATOUR, FORAIN, GAILLARD,
GAVARNI, HELLEU, INGRES, LAUTREC, LEGROS,
LEHEUTRE, LEPÈRE, LUNOIS,
MILLET, REMBRANDT, RENOIR, TIEPOLO,
ZORN, etc.

Dont la vente aura lieu

à Paris, HOTEL DROUOT, Salle Nᵒ 8

Le Mardi 27 Février 1912

à 2 heures précises

Par le Ministère de Mᵉ ANDRÉ DESVOUGES,

COMMISSAIRE-PRISEUR

26, *Rue de la Grange-Batelière*

Assisté de M. LOYS DELTEIL, Graveur et Expert

2, *Rue des Beaux-Arts*

CONDITIONS DE LA VENTE

Elle sera faite au comptant.

Les adjudicataires paieront *dix pour cent* en sus des enchères.

M. Loys Delteil remplira les commissions que voudront bien lui confier les amateurs ne pouvant y assister.

MM. les Amateurs pourront visiter la collection, 2, *rue des Beaux-Arts*, du Lundi 19 au Lundi 26 Février 1912, de 2 heures à 5 heures (le Dimanche excepté).

DÉSIGNATION

BAUER (M.)

1. Intérieur de Mosquée. Très belle épreuve sur japon, *signée*.

BERGHEM (Nic.)

2. La Vache qui s'abreuve (B. 1). Très belle épreuve.

BERTRAND (Albert)

3. Réunion de Comédiens dans un Parc, d'apr. Pater. Très belle épreuve *avec remarque, imp. en couleurs, signée* et *timbrée*.

BERVIC (Ch. Cl.)

4. Meilhan (Sénac de), d'apr. J. S. Duplessis. Très belle épreuve, *avant la lettre*.

BESNARD (P. A.)

5. Intérieur d'Eglise (Fontarabie). Très belle épreuve, *signée*.

BOILLY (J.)

6. Le Jeu de tonneau — Le Cabaret. Deux pièces se faisant pendants. Belles épreuves.

BOILVIN (Emile)

7. Têtes de Femmes, décors d'assiettes pour Haviland, 11 pl. (sur 12). Très belles épreuves. Très rares.

BONINGTON (R. P.)

8. Rue du Gros Horloge, Rouen. Très belle épreuve sur chine.

9. Bologne, eau-forte. Très belle épreuve du 1er tirage, sur chine.

BRACQUEMOND (Félix)

10. Goncourt (Edm. de) (H. B. 54). Superbe et très rare épreuve du 1er état, sur japon.

11. La même estampe. Très belle épreuve, *avant la lettre*, sur parchemin, *signée* (petites taches en marge).

12. Les Canards l'ont bien passée (154) — Perdrix (112), 1er tirage — Margot la Critique (113) — Le Lac du Bois de Boulogne (157), très rare. Quatre pièces. Belles épreuves, une *signée*.

13. Le Pêcheur à l'Epervier (189), 1er état — Le Bateau de teinturier (191) — Etudes de Paysages (209-210) — Au Jardin d'Acclimatation, 2e pl. (214). Cinq pl. Très belles épreuves.

14. La Terrasse de la villa Brancas (215). Très belle épreuve d'état, sur japon, *signée*.

15. Vue du Pont des Sts Pères (217). Très belle épreuve *avant la lettre*, sur japon. *signée*.

16. Ebats de Canards (22). Très belle épreuve du 1er état, sur japon, *signée*.

17. Les Mouettes (223). Très belle épreuve, *bon à tirer*.

18. Le Coq Gaulois ou Vive le Tsar! Très belle épreuve *tirée sur papier ancien, avec dédicace*.

19. Le Verger. Très belle et rare épreuve *avec remarque*, sur japon, *signée*.

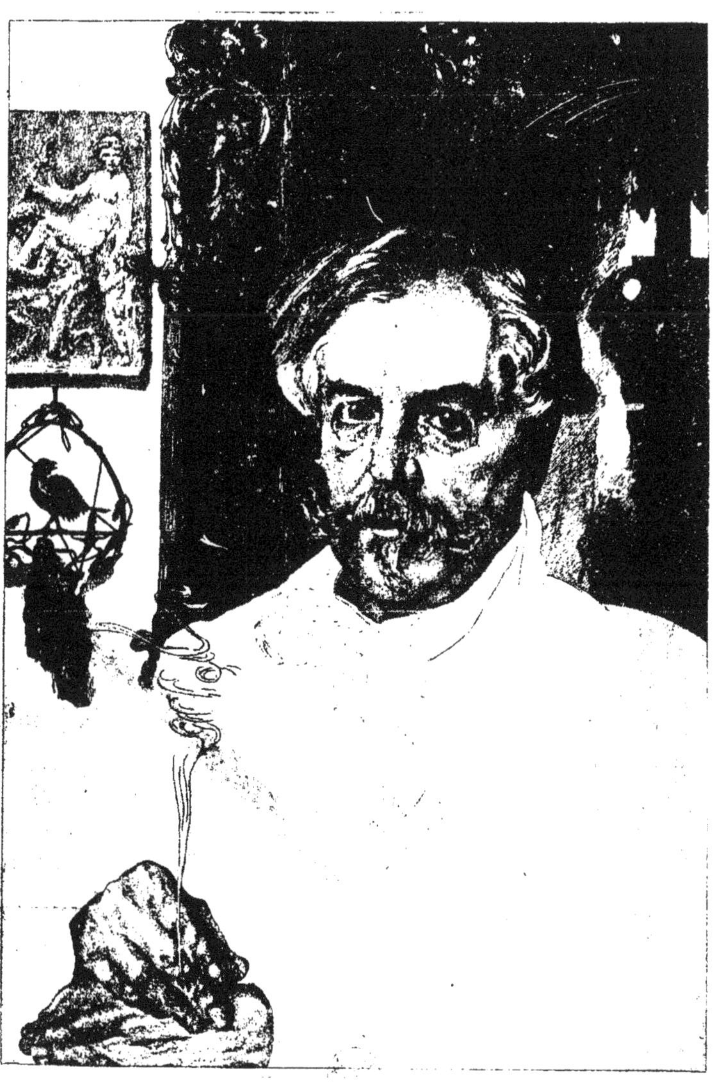

Nᵒ 10 du Catalogue.

BRACQUEMOND (F.) — BURGH (W. E.)

20. Perdrix — Gypaëtes, 1ᵉʳ état — Lincoln. Trois pièces. Belles épreuves, une *signée*.

CALAMATTA (L.) — FAUCONNIER

21. Masque de Napoléon, d'apr. le moulage du Dʳ Antommarchi — Le Duc de Reichstadt. Deux pl. Belles épreuves.

CALLOT (J.)

22. La Vie de la Vierge (76-89). Suite de 14 pl. — L'Annonciation (71), soit 15 pièces. Belles épreuves.

23. La Tentation de Sᵗ Antoine (139). Très belle épreuve, *avant* le trait échappé.

24. La grande Foire de Florence, 2ᵉ pl. (625). Belle épreuve. Encadrée.

25. Le Pont Neuf et la Tour de Nesle (714). Très belle épreuve sur papier à la croix de Lorraine.

CAMAIEUX

26. Sujets religieux, 10 pl. par Le Sueur et Jackson, d'apr. Titien, Tintoret, etc.

CARPI (Ugo da)

27. Diogène, d'apr. Le Parmesan, camaïeu. Belle épreuve. On y a joint une pl. par Hopfer, soit deux pièces.

CARRIÈRE (Eugène)

28. Affiche de l'Exposition Rodin. Très belle épreuve, *signée*.

29. Jean Dolent. Très belle épreuve sur chine, *signée* et *numérotée*.

CHAHINE (Edgar)

30. Anatole France. Très belle épreuve, *signée* (n 4).

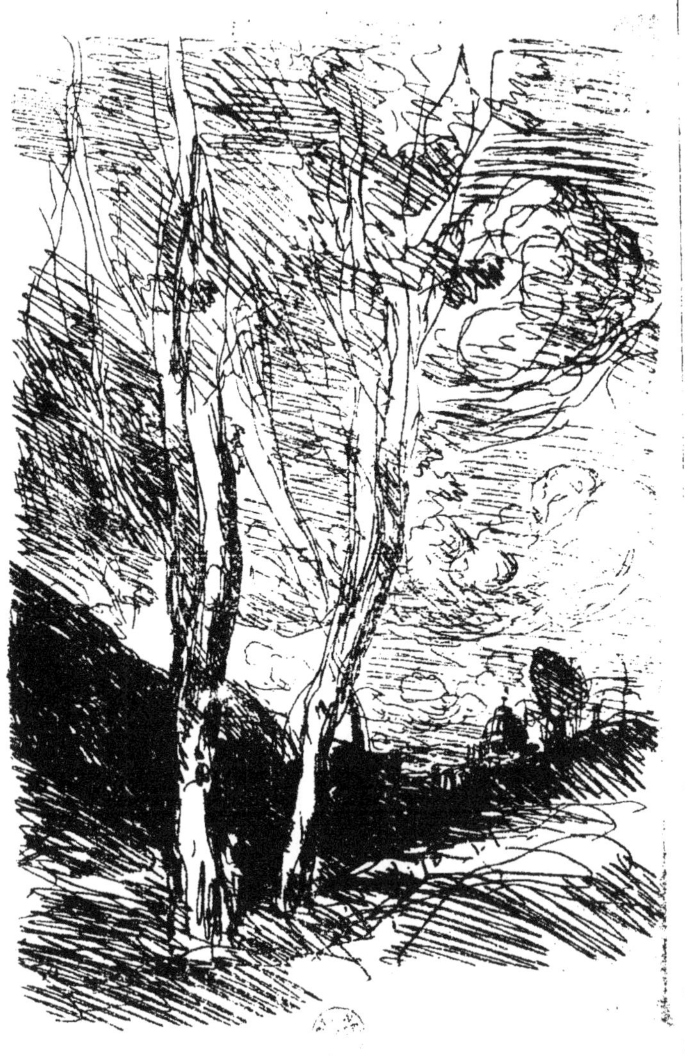

N° 40 du Catalogue.

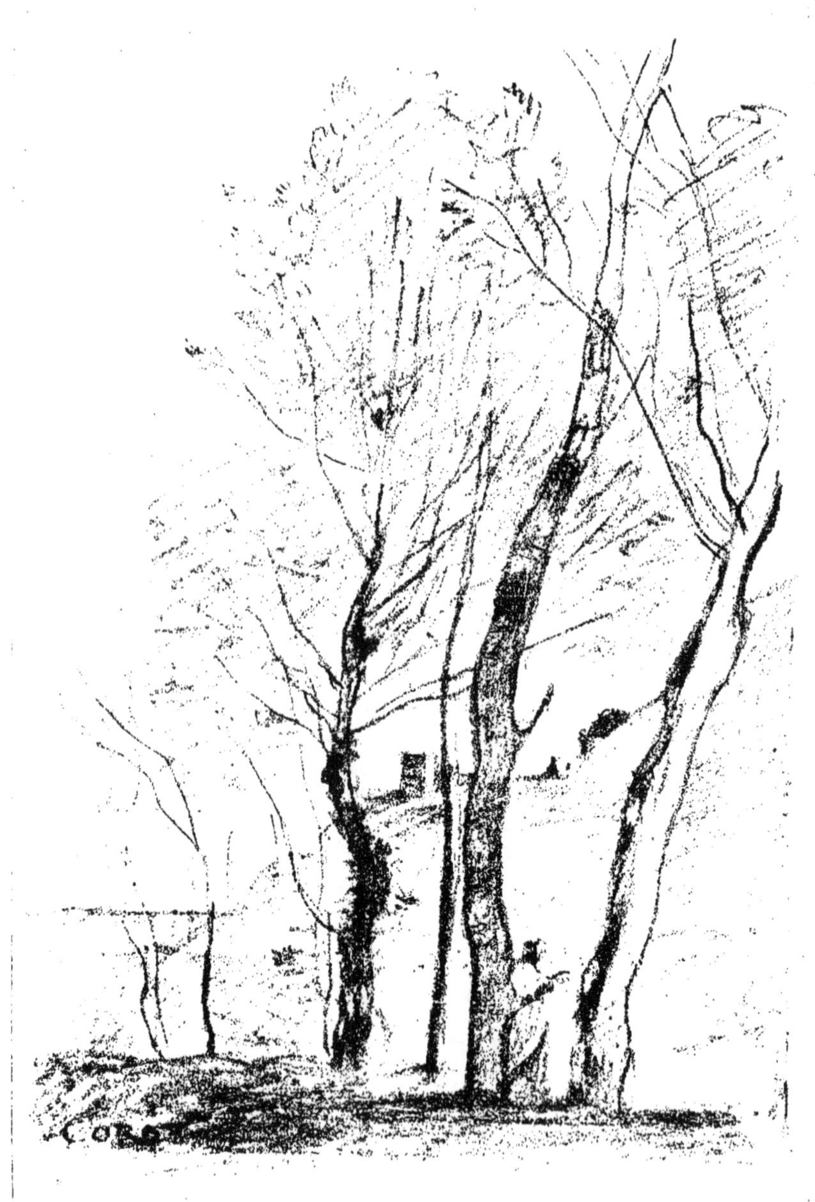

N° 42 du Catalogue.

31. Au Bois. Très belle épreuve, *signée* (n° 4).

32. Notre-Dame, vue de l'abside. Très belle épreuve *tirée en bistre, signée* (n° 9).

33. Ghemma au turban à l'aigrette. Très belle épreuve *avec remarque, signée.*

CHARLET (N. T.)

34. Sujets divers — Croquis, 114 pièces, un certain nombre sur chine. Belles épreuves.

CHEREAU (François)

35. Detleu a Dhen (C.), d'apr. H. Rigaud. Très belle épreuve *avant* la croix de Danebrog.

COROT (J. B. C.)

36. Ville d'Avray (Loys Delteil, 3). Très belle épreuve, *avant* le trait échappé.

37. Souvenir d'Italie (5). Belle épreuve du 3ᵉ état (sur 4).

38. Environs de Rome (6). Belle épreuve du 2ᵉ état (sur 3).

39. Souvenir des Fortifications de Douai (12). Très belle épreuve tirée sur papier ancien.

40. Le Dôme florentin (13). Très belle épreuve tirée sur papier ancien.

41. Le Fort détaché (32). Très belle épreuve sur bulle volant.

42. La Lecture sous les arbres (33). Très belle épreuve sur bulle volant.

43. Souvenir de Sologne (34). Très belle épreuve. Rare.

44. Le petit Cavalier sous bois (42). Belle épreuve. Très rare.

45. Un Déjeuner dans la clairière (65). Très belle épreuve. Rare.

COROT — MANET — LEGROS — BRACQUEMOND

46. Souvenir de Toscane — Jeanne — La Charette
brisée — Alph. Legros, etc., 8 pl. Belles
épreuves.

DAULLÉ (J.)

47. Gendron (C. D.), d'apr. H. Rigaud (24). Très
belle épreuve.

DAUMIER (H.)

48. Cortège du Commandant Général des Apothi-
caires (256). Belle épreuve, *coloriée*.

49. De Sémonville, R. Macaire (Thiers) et Roederer
— La Tentation du nouveau S' Antoine (D' Vé-
ron). Deux pièces. Belles épreuves.

50. Locataires et Propriétaires, 1ᵉ série (2010-2041),
30 pl. (sur 32). Très belles épreuves, la plupart
avec l'annotation : *Certifié conforme au tirage*.
On y a joint 3 doubles.

51. Les Bas-bleus (685-724). Suite complète de 40 pl.
Très belles épreuves.

52. La Chasse — Un Retour de Jeunesse — Le Bour-
geois au Salon — Une Mission délicate — L'En-
trée du Grand Tunnel. Cinq pl. Belles épreuves.

52 *bis*. L'Escalier du Palais de Justice, par A. Prunaire.
Très belle épreuve, *imp. en couleurs, signée*.

52 *ter*. L'Amateur d'estampes, par A. Prunaire. Très
belle épreuve, *imp. en couleurs, signée*.

52 ⁴. La République (Concours de 1848). Très belle
épreuve, *imp. en couleurs, signée*.

DEBUT (Marcel)

53. La Cavée de S' Firmin. Très belle épreuve sur
chine, *signée* (n° 13).

54. Les Bateaux d'Etaples au crépuscule. Très belle
épreuve sur chine, *signée* (n° 13).

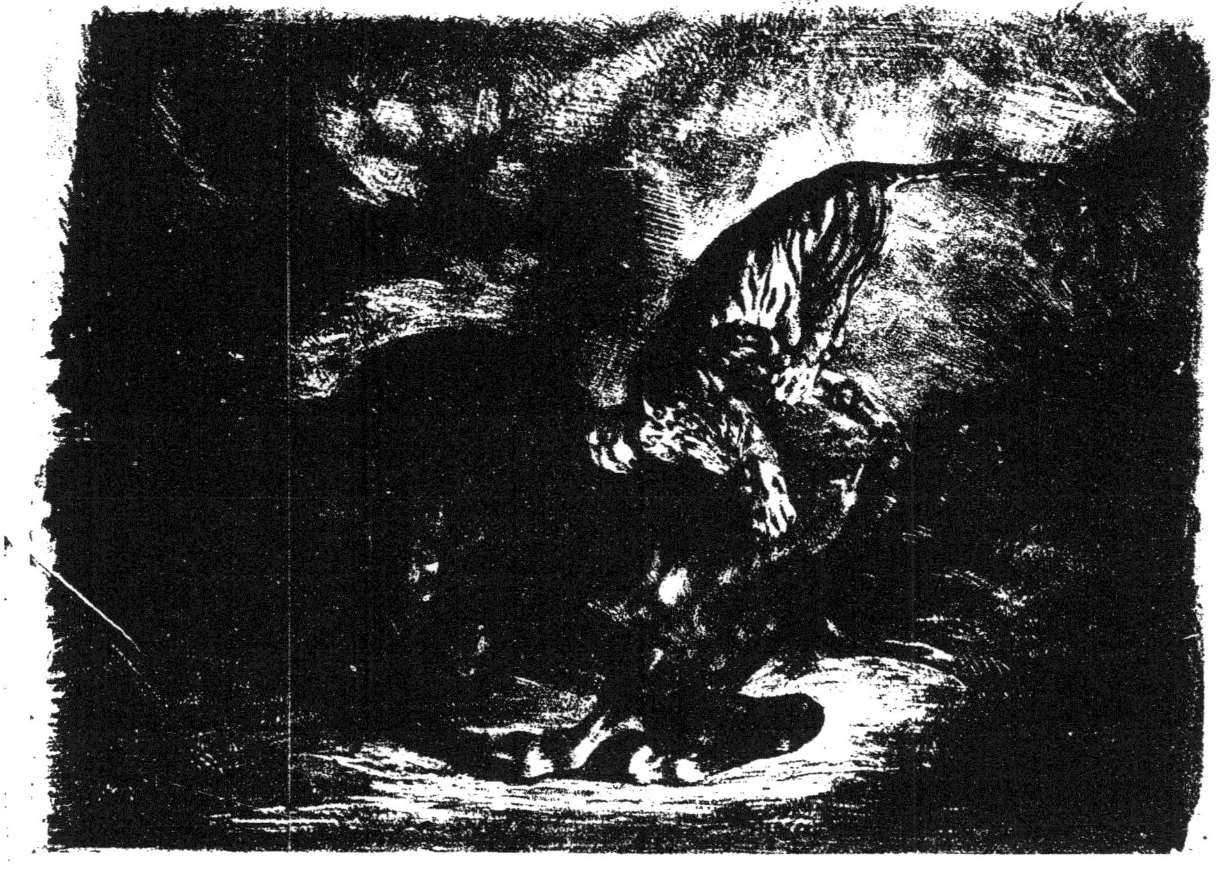

N 57 du Catalogue

DELACROIX (Eugène)

55. Etude de Femme vue de dos (21). Très belle épreuve du 2ᵉ état (sur 4).

56. Le Bᵒⁿ Schwiter (51). Très belle épreuve. Très rare.

57. Cheval sauvage terrassé par un tigre (77). Superbe et très rare épreuve du 1ᵉʳ état, sur chine.

58. Lion de l'Atlas (79). Belle épreuve (petite marge).

58 *bis*. Faust (57-74). Suite de 17 pl. (manque le portrait). Belles épreuves de divers tirages.

58 *ter*. Hamlet (103-115). Suite de 13 planches formant la 1ʳᵉ *édition*. Très belles épreuves.

DELCOURT (Maurice)

59. La Modiste — Place Sᵗ Georges, 2 épr. soit trois pièces. Très belles épreuves, *imp. en couleurs*.

DEVÉRIA (Ach.)

60. Hugo (Victor), 1829 (H. B. 24). Très belle épreuve sur chine.

61. Liszt (H. B. 29). Belle épreuve sur chine. Rare.

62. Mᵐᵉ Huerta et ses Enfants (87). Très belle épreuve. Rare.

63. Album lithographique pour 1829, couverture — Dix heures du Soir — Minuit — Lettre O, etc. Cinq pièces. Belles épreuves.

DIVERS

64. Cathédrale de Sᵗ Paul, à Londres, par Armington — Bêtes de somme, par E. van Muyden — Le Port Sᵗ Paul, par R. Pinard — Improvisations, par F. Chifflart. Cinq pièces. Très belles épreuves (3 *signées*).

65. Sujets divers. Portraits, Paysages, 7 pl. par Jac-
quemart, Gaillard, J. Veber, Hermann-Paul et
Jongkind, plusieurs *avant la lettre*.

DORÉ (Gustave)

66. Mort de Gérard de Nerval. Très belle épreuve sur
chine, *avec dédicace à Marcellin*.

DURER (Alb.)

67. Adam et Eve (B. 1). Très belle épreuve sur papier
à la *tête de bœuf* (pli et petite restauration).

EDELINCK (G.)

68. Berry (Charles, Duc de) — Philippe, Duc d'Anjou
(147 et 294). Deux pièces d'apr. De Troy, se faisant pendants. Belles épreuves. Encadrées.

EYCHENNE — BÉJOT — DETOUCHE

69. Marchand de Pommes, à Audierne — Boulevard
du Midi, à Cannes — Gitanes d'Andalousie —
La Sévillana. Quatre pièces. Très belles épreuves,
signées (3 imp. en couleurs).

FANTIN-LATOUR (H.)

70. Les Brodeuses, 1re planche (G. H. 4). Belle épreuve
avec dédicace. Fort rare. Tirée à 5 ou 6 épreuves
(2 très légères déchirures).

71. Manfred (21). Très belle épreuve sur chine, *signée*.
Rare.

72. Siegfried et les Filles du Rhin (31). Très belle
épreuve sur chine, *signée*.

73. Baigneuses, 1re grande pl. (37). Très belle épreuve.
Rare.

74. La Liberté (96). Très belle épreuve sur japon,
timbrée — Le Paradis et la Péri, 2e pl. (157).
Deux pl.

75. Chasseresse (103). Très belle épreuve *avec remarque*, sur japon, *signée* (n° 10).

76. Compositions pour le *Richard Wagner*, de Jullien, suite complète de 14 pl. Belles épreuves, sur chine.

77. Compositions pour le *Richard Wagner*, de Jullien, 10 pl. (sur 14). Très belles épreuves sur chine (une remontée).

FORAIN (J. L.)

78. Scène de cabinet particulier (45). Epreuve retouchée, *avec variante* et annotée : *retouché par moi, forain*. Très rare.

79. Eventail pour le Bal Gavarni. Belle épreuve, *imp. en couleurs*.

FRIANT (Émile)

80. Toilette de l'Enfant. Très belle épreuve, *avec remarque*, *signée* et *timbrée*.

GAILLARD (C. F.)

81. Chambord (Henri, Comte de) (H. B. 30). Très belle épreuve sur chine.

82. Pie IX, pape (31). Belle épreuve sur chine.

83. S' Sébastien (34). Très belle épreuve, *avant toute lettre*, sur parchemin.

83 *bis*. La même estampe en même état, sur japon.

84. Dom Prosper Guéranger (38). Superbe et fort rare épreuve d'essai du 3° état, sur chine, avec *annotation manuscrite* du graveur, *janvier 1878*.

85. Léon XIII (39). Très belle épreuve, *avant les adresses, signée*.

86. Mgr Pie (40). Superbe et très rare épreuve du 2° état, *non terminée*.

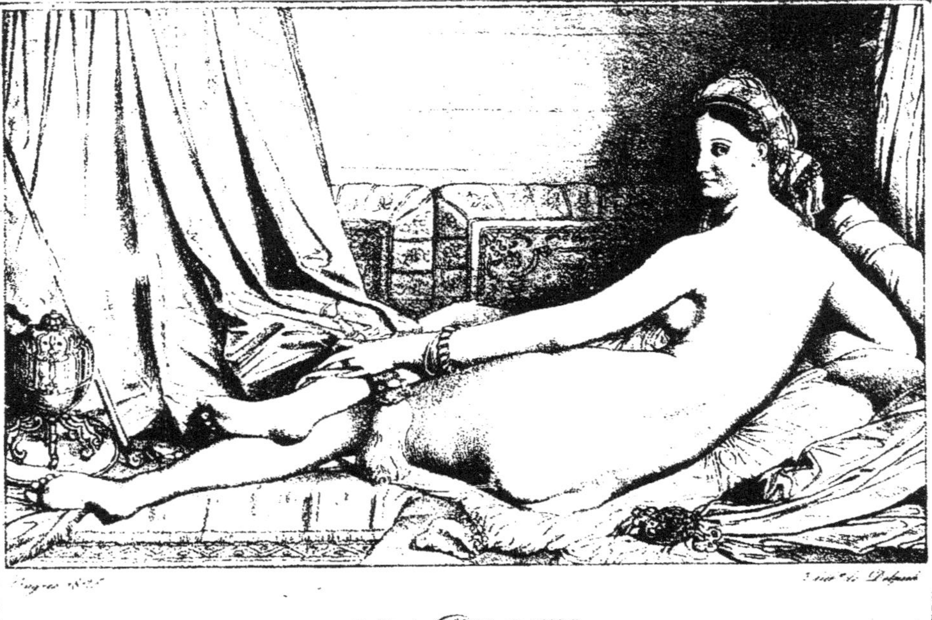

ODALISQUE.

N° 107 du Catalogue.

87. La même estampe. Très belle épreuve, *avant toute lettre*, sur chine, *signée*. On y a joint une épreuve avec la lettre.

88. S' Georges, d'apr. Raphaël (45). Belle épreuve, *avant toute lettre*, sur chine, *signée*.

GAVARNI

89. SCÈNES DE LA VIE INTIME, titre et dix planches (sur 12, manque les pl. 9 et 10). Très belles épreuves (les pl. 1, 2, 3, 5 et 6 sont *avant la lettre, RRR*).

90. Les Toquades (2029-2048), suite de 20 pl. Très belles épreuves sur chine.

GELLÉE (Claude)

91. Le Départ pour les champs (16). Très belle épreuve du 2ᵉ état.

GIGOUX (Jean)

92. Delacroix (Eug.) (110) — Gerard (Bᵒⁿ) (118). Deux pièces. Belles et rares épreuves, *avant la lettre*, sur chine.

93. Curiosité (Mˡˡᵉˢ Elise Journet et Dorval) (H. B. 181). Très belle et rare épreuve, *avant la lettre*, sur chine.

GREVEDON (H.)

94. Mᵐᵉ Albert — Mᵐᵉ Caradori. Deux pièces. Encadrées.

HELLEU (P.)

95. Devant les Watteau du Louvre. Très belle épreuve, *tirée en 2 tons, signée*. Encadrée.

96. P. de W. (Mᵐᵉ la Bⁿⁿᵉ). Superbe épreuve, *signée* (tirée à 25 épr.).

97. Madeleine Dolley. Très belle épreuve, *imp. en couleurs, signée*.

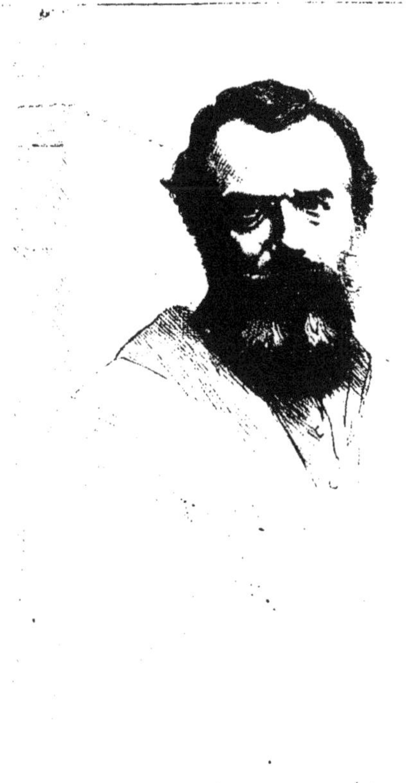

Nº 124 du Catalogue.

98. Jeune Femme de 3 4 à droite. Très belle épreuve, *imp. en couleurs, signée*.

99. Jeune Femme, de face. Très belle épreuve, *imp. en couleurs, signée*.

100. Jeune Femme au boa. Très belle épreuve, *tirée en bistre, signée*.

101. Marlborough (Mme la D^{se} de). Très belle épreuve, *Signée*. Encadrée.

102. Whistler dormant. Belle épreuve (piquée). Très rare.

HUARD (Charles)

103. Le Phare — Port de mer — Petite Cour — Cour de Ferme. Quatre pièces. Très belles épreuves, *signées*.

104. Look out! — Ports de mer — Passerelle du Moulin à vent — Les Casernes à Granville — Invitation. Six pièces, *signées*.

HUET (Paul)

105. Orage au Mont Dore (21). Superbe et fort rare épreuve du 1er état.

INGRES (J. D. A.)

106. Pressigny (G. Cortois de) (Loys Delteil 1). Très belle et très rare contre épreuve du 2e état (sur 3).

107. Odalisque (9). Très belle épreuve.

ISABEY (J. B.)

108. Caricatures (G. H. 2-13). Suite de 12 pl. Belles épreuves, *coloriées* (les pl. 6 et 12 courtes de marges).

ISABEY (Eug.)

109. Cour d'Echouage (H. 76). Très belle épreuve sur chine. Très rare.

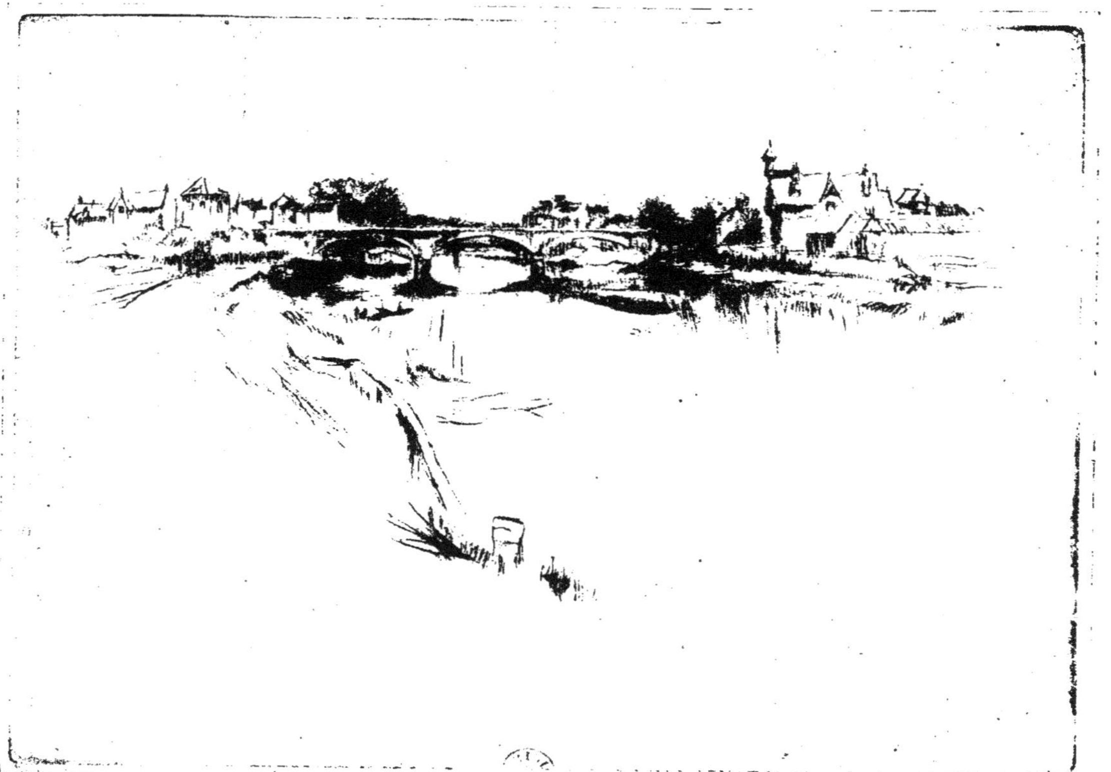

Nº 148 du Catalogue.

JACQUE (Charles)

110. Portrait de Luquet — Paysage à Ousse — Le Buisson Kerkassier, etc. Quatre pièces. Très belles épreuves (2 sur japon).

JONGKIND (J. B.)

111. CAHIER D'EAUX-FORTES, PAR JONGKIND, titre et 6 planches (Loys Delteil 1 à 7). Suite complète. Superbes épreuves dans la couverture de publication.

112. Maaslins (8). Belle épreuve du 3ᵉ état (sur 4).

LAING (F.)

113. Sur l'Escaut, à Anvers — Monument Walter Scott, à Edimbourg. Deux pl. Très belles épreuves, *signées*.

LANGLOIS (Jean) — LANDRY (P.)

114. Alexandre VII, Pape (D. 1026). Très belle épreuve. Harcourt (H. de Lorraine, Cᵗᵉ d') (D. 1019). Deux pièces.

LAUTREC (H. de Toulouse)

115. Au Pied du Sinaï, frontispice et 3 pl. *inédites*. Très belles épreuves sur japon.

116. Débauche. Très belle épreuve, *imp. en couleurs, signée* (n° 9).

117. Napoléon. Très belle épreuve, *imp. en couleurs, signée et numérotée*.

118. Les Vieilles histoires. Belle épreuve, *avant* le nom de l'imprimeur, *timbrée*.

119. Ta Bouche, 3 épreuves de tirage différent (2 *signées*).

LEGRAND (Louis)

120. Maîtresse. Très belle épreuve sur japon, *signée* (n° 6).

121. Soupeurs. Epreuve *imp. en couleurs, signée*. (n° 68).

122. Danseuse. Très belle épreuve *signée* (n° 2).

123. Danseuses. Très belle épreuve du 1er état, sur japon, *signée*.

LEGRAND (L.) — HELLEU — LA GANDARA CARRÉ

123 *bis*. Cabinet particulier — Portraits — Le Tombereau. Quatre pièces (3 *imp. en couleurs*, épidermure à 1 pl.)

LEGROS (Alphonse)

124. Legros (Alph.), par lui-même (212). Très belle épreuve.

125. Tête de Jeune Fille (36). Belle épreuve de 1er état, sur japon.

126. Le Coup de vent (110). Très belle épreuve, *numérotée*.

127. L'Ambulance (124). Très belle épreuve, *signée*.

128. Ombre (149). Très belle épreuve, *signée*.

129. Rodin (Aug.) (237). Très belle épreuve, *signée*.

130. Les Bords de la Liane (240), 2 épreuves *signées*, une superbe.

131. Paysanne assise près d'une haie (241). Très belle épreuve, *signée*.

132. Manning (Cardinal), lithographie (406). Très belle épreuve sur chine, *signée*.

133. La Vallée des Dunes (504). Très belle épreuve, *signée*.

134. Buste de jeune Fille, lithographie (631). Très belle épreuve, *tirée en sanguine, signée*.

135. Lisière de bois. Très belle épreuve.

136. Les Pestiférés de Rome — Les Archers, d'après Leys. Deux pièces. Très belles épreuves.

LEHEUTRE (Gustave)

137. Les Tanneries à Montargis. Superbe épreuve, *signée* (7 20).

138. La Chaumière en contre-bas. Superbe épreuve, *signée*. Très rare.

139. Le Pont de bois, à Troyes. Superbe épreuve, tirée sur papier ancien, *signée* (16/20).

140. La Chaumière au bord de l'eau. Très belle épreuve, *signée*. (n° 14).

141. Place des Jacobins, Troyes. Très belle épreuve sur papier ancien, *signée* (n° 9).

142. Rue de l'Isle, à Troyes, lithographie. Très belle épreuve *tirée en 2 tons, signée* (tirée à 10 épr.)

143. Les Bateaux parisiens à Auteuil. Très belle épreuve *avant* la signature, *signée* (n° 3).

144. La Marne, à Lagny. Superbe épreuve de 1ʳ état, *avant* les canards, *signée*.

144 *bis*. La même estampe. Superbe épreuve sur papier ancien, *signée*.

145. Ruelle St-Jean, à Troyes. Superbe épreuve, *signée*. Très rare (tirée à 12 épr.)

146. Rue de l'École, à Troyes. Superbe épreuve sur papier ancien, *signée* (n° 15).

147. Le Pont de Lagny. Superbe épreuve du 1ʳ état (tirée à 9 épreuves), *signée*.

148. La même estampe. Superbe épreuve du 2ᵉ état, *avant* la signature (tirée à 10 épr.), *signée*.

149. Les Bords de la Bresle. Très belle épreuve *avant* la signature, sur papier ancien, *signée* (n° 1).

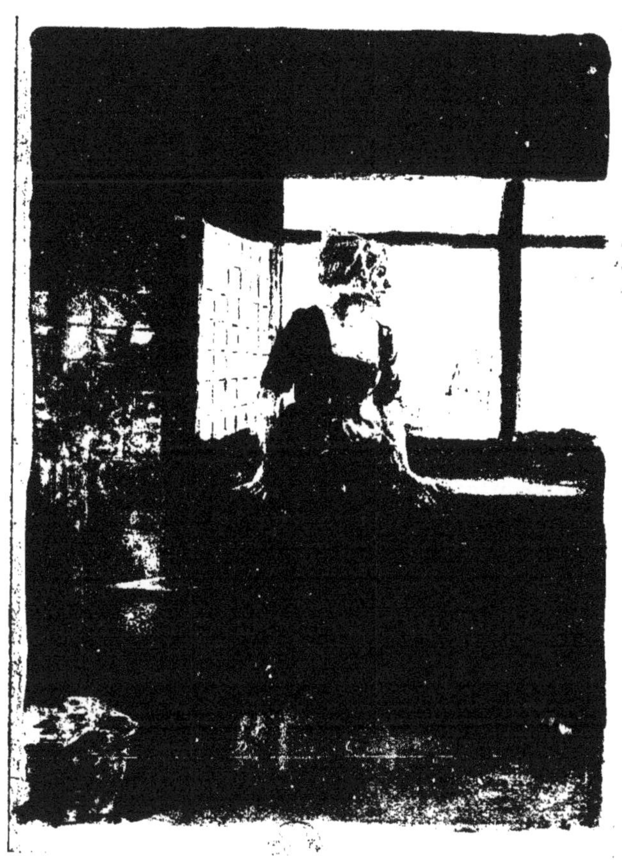

N° 172 du Catalogue.

150. Le Lavoir abandonné. Très belle épreuve sur papier
ancien, *signée* et *numérotée*. Rare.

151. L'Ecluse du Tréport, 1898. Très belle épreuve,
signée et *numérotée*.

152. Le Chevet de S' Remy, à Troyes. Très belle
épreuve, *signée* et *numérotée*.

153. Le Pont de Gournay. Superbe épreuve sur papier
verdâtre, *signée*.

154. Ruelle des Chats. Superbe épreuve, *signée* (n° 22).

155. Rue Corne de Cerf. Superbe épreuve, *signée*
(n° 17).

156. Le Canal d'Eu. Superbe épreuve, *signée*.

157. Rue de Petit-Gars, à Tours — Ruelle à Venise —
Invitation. Trois pièces (2 *signées*).

LEPÈRE (Auguste)

158. Diner à Bellevue (88). Très belle épreuve, *signée*
(n° 2).

159. La Cité vue du Pont des Arts (99). Très belle
épreuve du 1ᵉʳ état, *signée*.

160. Haarlem (121). Très belle épreuve sur papier ancien, *signée* (n° 9).

161. Le Quai des Grands Augustins (148). Très belle
épreuve sur japon, *signée*.

162. Sortie du Théâtre du Châtelet (180). Très belle
épreuve sur japon.

163. Bucolique moderne (271). Superbe épreuve, *imp.
en couleurs, avant la date*, sur japon, *signée*
(n° 3).

164. Y'a un noyé. Très belle épreuve *avec remarque*,
sur japon, *signée* (n° 10).

165. Quai de la Gare, 1908. Très belle épreuve sur
japon, *signée* (n° 11).

166. On va goûter — Embarcadère de Greenwich,
petite pl. — Quartier des Gobelins — Rue du
Pot-au-Lait, 4 pl. Belles épreuves, une *imp. en
couleurs*.

LÉPICIÉ (B.)

167. Orry (Philibert), d'apr. H. Rigaud (D. 1218). Très
belle épreuve.

LEU (Thomas de)

168. Estrées (Gabrielle d') (R. D. 367). Belle épreuve.

169. Strozzi (Ph.) (491). Très belle épreuve.

170. Marguerite de Valois — Charles de Bourbon (323,
1ᵉʳ état) — Henriette de Balzac, Dᵐᵉ d'Entraigues,
épr. rognée. Trois pièces.

LEYDE (Lucas de)

171. Esther et Assuérus — Conversion de Sᵗ Paul —
Adoration des Mages, etc., 25 pl. y compris une
pl. de Durer (signée). (Originaux et copies).

LUNOIS (Alex.)

172. Intérieur Hollandais. Superbe épreuve sur japon,
signée.

173. Callé Passion. Superbe épreuve, *imp. en couleurs*,
sur japon pelure, *signée* (n° 1).

174. Nuit à Séville. Très belle épreuve, *imp. en couleurs, signée*, avec la mention : *épr. unique*.

175. Femme à sa toilette — Paysage, d'après Cazin.
Deux pièces. Très belles épreuves, *signées* (la
1ʳᵉ *imp. en couleurs*).

MAC LAUGHLAN (D. S.)

176. Boutique de charbonnier. Très belle épreuve,
signée.

177. Pont de Boulogne — Portail gothique — Atelier
de Menuiserie — Fort d'Ambleteuse. Quatre
pièces. Belles épreuves, *signées*.

MANET (B.)

178. Polichinelle (M.-N. 87). Très belle épreuve, *imp.
en couleurs*.

MERCOLI Fils

179. *N. Bonaparte P^{er} Consul*, d'apr. Bacler d'Albe,
In-fol. Très belle épreuve. Rare.

MERYON (Ch.)

180. La Rue des Toiles, à Bourges (L. D. 55). Très
belle épreuve, *avant* l'adresse de Delâtre.

MILLET (J. F.)

181. La Cardeuse (15). Très belle épreuve sur japon
pelure, tirée en bistre. Tirage postérieur.

MULLER (J. G. et F.)

182. Jérôme Napoléon, Roi de Westphalie, d'apr.
Mme Kinson. Superbe épreuve.

NANTEUIL (Robert)

183. Mazarin (de C^{al}) (184). Très belle épreuve du
1er état.

PARIS

184. Les Boulevards de Paris, par Arnout, 1835. Exempl.
colorié (manque un peu de conservation).

PITAU (Nicolas)

185. Bourdaloue (Claude de), d'apr. N. de Largillierre
(D. 1925). Très belle et rare épreuve du 1er état,
avec le nom de Pitau.

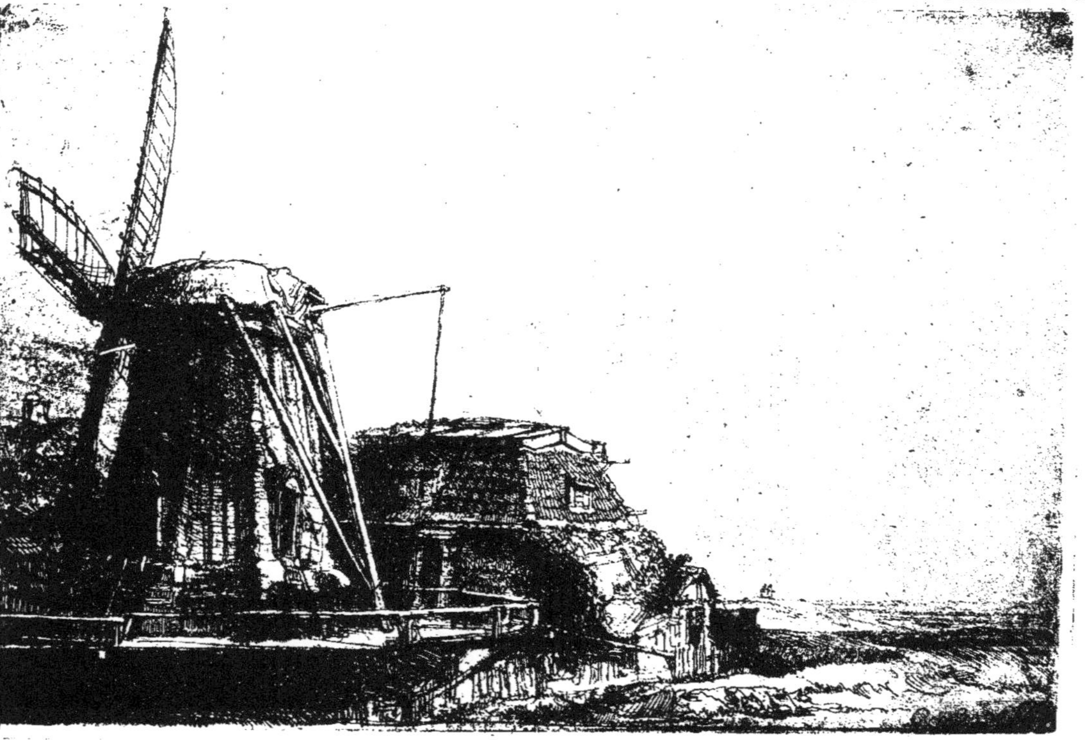

N° 203 du Catalogue.

186. Séguier (P.), d'apr. N. de Plate Montagne (D. 1943).
Très belle épreuve.

POILLY (F. de)

187. Louis XIV, d'apr. P. Mignard (D. 1953). Belle
épreuve, de la collection de P. Mariette, 1676.

PORTRAITS

188. Turenne, épr. rognée et encastrée dans un cadre
dessiné à la sépia — R. de Longueil — Christine
de Suède, par Nanteuil — J. Suttermans, par
A. van Dyck — Cte de Bruhl, par Baléchou, etc.,
8 pl.

189. Trois recueils contenant environ 1500 portraits
anciens, parmi lesquels nous signalons : THOMAS
DE LEU : Henri IV, d'apr. Fournier, Marie de
Médicis, Catherine de Bourbon, Henri de Lor-
raine, Louise de Lorraine, Gabrielle d'Estrées,
d'Espernon, Christophe de Portugal, Louise de
Budos, Catherine de Bourbon, etc. — ANT.
WIERIX, LÉONARD GAULTIER, FIRENS, TH. DE BRY,
M. LASNE. — CHRONOLOGIE COLLÉE, etc., etc.

PRUDHON (P. P.)

190. L'Enlèvement d'Europe (E. de G. 3). Très belle
épreuve du 1er état, sur chine. Encadrée.

191. L'Enfant au chien (Le Fils de Gouvion St Cyr) (8).
Très belle épreuve du 1er état, sur chine.

PRUNAIRE (Mme Fanny)

191 *bis*. Le Portement de Croix, d'apr. Eug. Delacroix,
une des 10 épr., sur chine, *signée*.

191 *ter*. Scène d'histoire, d'apr. le même, une des 10 épr.
sur chine, *signée*.

RAFFAELLI (J. F.)

192. Gennevilliers. Très belle épreuve, *imp. en couleurs, signée* (n° 29).

RAFFET (A.)

193. Sujets divers, 27 pièces. Bonnes épreuves.

REDON (Odilon)

194. Yeux clos. Très belle épreuve sur chine. Encadrée.

194 *bis*. Tête de Vieillard. Belle épreuve, *signée*.

194 *ter*. Tentation de St Antoine, suite de 10 pl., dans la couv. de publication. Belles épreuves sur chine.

REMBRANDT VAN RIJN

195. Abraham et son fils Isaac (B. 34. D. 39). Belle épreuve de la collection Gerbeau.

199. Le Triomphe de Mardochée (40-48). Très belle épreuve.

200. L'Annonciation aux Bergers (44-49). Belle épreuve.

200 *bis*. La Fuite en Egypte, effet de nuit (53-58). Très belle épreuve.

201. Les trois Chaumières (217-214), copie. Très belle épreuve.

202. L'Obélisque (227. D. 224). Très belle épreuve *avec des barbes*, de la coll. Soutzo (légère restauration en marge et petite épidermure).

203. Le Moulin, dit de Rembrandt (233-230). Très belle épreuve de la collection Le Secq des Tournelles.

204. Abraham Francz (273-260). Belle épreuve (doublée).

205. Première Tête orientale (286-283). Belle épreuve.

206. Homme à bouche de travers (B. 305. D. 301). Très belle épreuve du 1ᵉʳ état.

207. L'Adoration des Bergers — Sᵗ Jérôme en méditation — Buste de vieille Femme (la Mère de Rembrandt). Trois pièces. Belles épreuves.

RENOIR (Auguste)

208. Deux Fillettes. Très belle épreuve.

209. Baigneuse. Très belle épreuve.

210. L'Enfant au biscuit, lithographie. Très belle épreuve *imp. en couleurs, signée.*

RENOUARD (Paul)

211. Ballet des Barbares, 1ᵉʳ état. Très belle épreuve, *timbrée.*

ROWLANDSON et ROBERTS

212. Madame Bounaparte (sic), d'apr. Boudoir, 1800. Très belle épreuve *tirée en 2 tons* et rehaussée de couleurs et d'or. Rare.

STEINLEN (Th. A.)

213. Les Chats, 1896. Lithographie grand in-fol. Très belle épreuve. Encadrée.

STORM DE GRAVESANDE (Ch.)

214. Port d'Amsterdam. Très belle épreuve, *signée.*

SUNYER

215. Aux Tuileries — Au Luxembourg — La Rue. Trois pièces *signées*, une *imp. en couleurs.*

TEN CATE

216. La Neige — L'Eglise — La Tour au bord de la mer. Trois lithographies. Très belles épreuves.

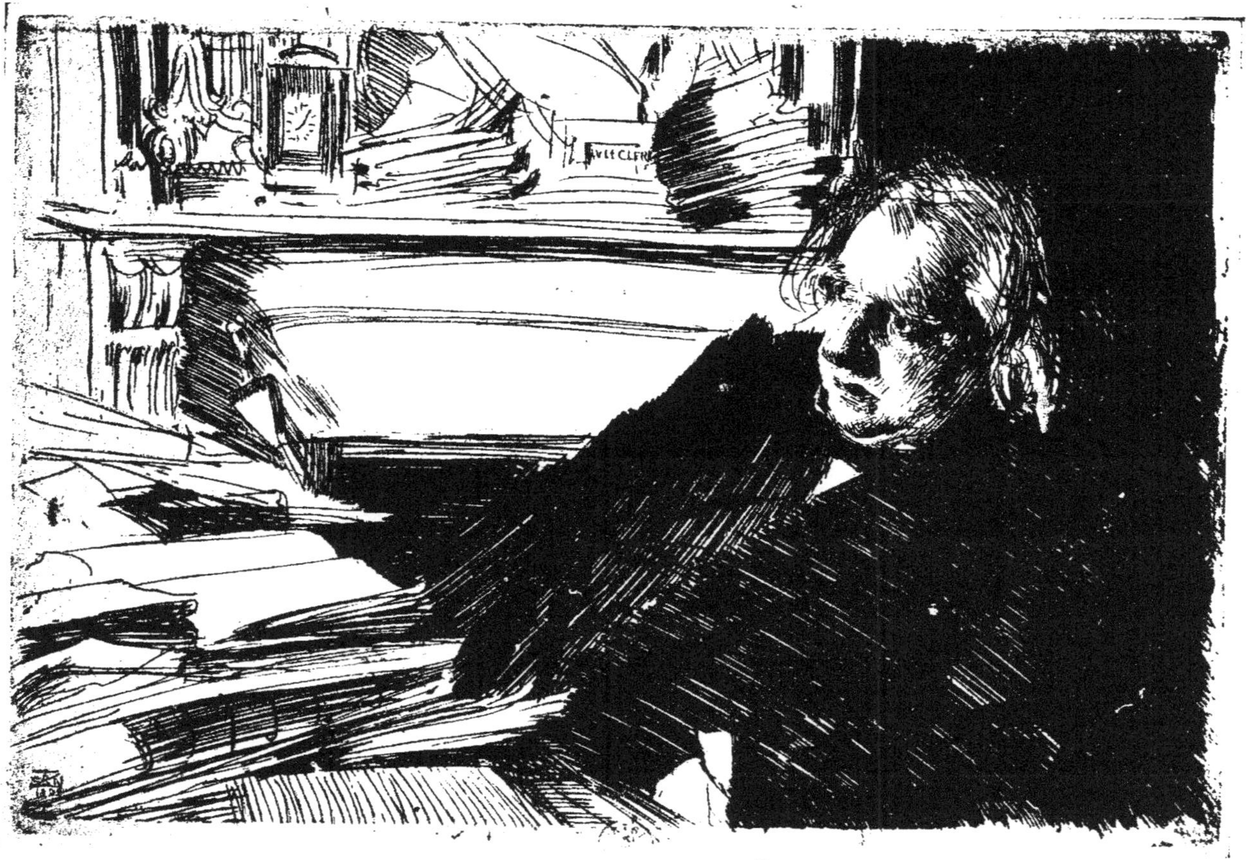

Nº 233 du Catalogue.

THAULOW (Fritz)

217. La Porte de marbre. Très belle épreuve, *imp. en couleurs, signée* et *numérotée*. Encadrée.

218. Le Pont de Vérone. Superbe épreuve, *imp. en couleurs, signée* (n° 46).

TIEPOLO (G. B.)

219. Varj Capriccj (A. de V., 3-12). Suite complète de 10 pl. Très belles épreuves.

220. *Scherzi di fantasia* (13 et suiv.), pl. 8, 11, 12, 13, 14 et 18, soit 6 pl. Très belles épreuves (les n°ˢ grattés).

TIEPOLO (J. D.)

221. Idées pittoresques sur la Fuite en Egypte (1-27), frontispice et 11 pl. (sur 24). Très belles épreuves.

TIEPOLO (J. D. et L.)

222. Sujets religieux et Allégories. Onze pièces. Très belles épreuves.

TISSOT (J. J.)

223. *Ten Etchings by J. J. Tissot* — London, 1876. Suite complète de 10 planches (Querelle d'Amoureux, la Galerie du Calcutta, etc.), dans le cart. de publ.

224. Sur la Tamise (B. 13) — Entre les deux mon cœur balance (23). Deux pièces se faisant pendants. Très belles épreuves, *timbrées*.

225. Le Crocket (B. 29) — Le Portique de la National Gallery (32) — Soirée d'Eté (47) — Rêverie (43). Quatre pièces. Très belles épreuves, *signées* et *timbrées*.

226. La Parabole de l'Enfant prodigue (48-52). Suite complète. Très belles épreuves, *avant la lettre.* (quelques piqûres à 1 pl.).

VEBER (J.) — LUCE — LEFORT, etc.

226 *bis*. Marianne, épr. *avec remarque, signée* — La Vache à lait — La Sieste, d'apr. Courbet — Coupe Vanderbilt — Panhard. Cinq pièces.

VERMEULEN (C.)

227. Catinat (Nic. de) (D. 2379). Belle épreuve.

WALTNER (Ch. A.)

228. Lady Camden, d'après Reynolds (107). Très belle épreuve *d'essai*, sur parchemin.

228 *bis*. Bon de Vicq (H. B. 1) — Lady Ellenborough, d'apr. Th. Laurence (4) — Vridags van Vallenhoven et sa Femme, d'apr. Ravesteyn (6-7). Quatre pièces. Très belles épreuves, *avant la lettre, signées.*

WIERIX (les)

229. Henri III, 1586 (A. 1919) — Mercœur (Ph. Emm. Duc de) (1980). Deux pièces. Très belles épreuves.

WILLETTE (Ad.)

230. L'Aumone à la Fortune. *Bon à tirer, signé.*

ZORN (Anders)

231. Repos ou Mary (L. D. 12). Très belle épreuve tirée sur papier ancien, *signée.* Collection Gerbeau.

232. Mauri (Rosita) (34). Belle épreuve du 4ᵉ état (sur 5).

233. Ernest Renan (72). Très belle et rare épreuve du 3ᵉ état (1ᵉʳ de Schubert), *avant* les contre-tailles, sur japon, *signée.*

234. Nagel (Mme) (110). Très belle épreuve, *tirée en bistre, signée.*

235. Joueuse de billard (136). Très belle épreuve, *signée.*

236. Joueuse de guitare (155). Très belle épreuve, *signée.* Collection Gerbeau.

237. Modèle nu debout (166). Superbe épreuve du 1er état, *signée.*

238. Les deux Modèles près du lit (174). Très belle épreuve, *signée.*

239. Rassmussen (Mlle Emma) (182). Superbe épreuve, *signée.*

240. Prince Paul Troubetskoy (217). Superbe épreuve, *signée.*

241. Mme Oxenstierna, 1900. Superbe épreuve, *signée.*